QUATRIÈME LETTRE

A MONSIEUR

LOUIS BLANC

PRÉSIDENT DE L'EX-COMMISSION DU LUXEMBOURG,

PAR

M. JULES POULAIN,

Ancien constructeur de machines, filateur et tisserand à Paris.

PARIS

—

1848

QUATRIÈME LETTRE

A MONSIEUR

LOUIS BLANC

PRÉSIDENT DE L'EX-COMMISSION DU LUXEMBOURG.

MONSIEUR,

A une objection du journal *le Siècle*, du 22 août 1840, vous avez répondu, page 185 : de votre *Organisation du Travail*.

« La question d'ailleurs n'est pas de savoir si au-
« jourd'hui les hommes du peuple souffrent plus ou
« moins que n'ont souffert leurs pères , mais bien de
« savoir jusqu'à quel point et pourquoi ils souffrent.
« Or, qu'avons-nous prouvé? que leur misère était
« profonde; qu'elle provenait du principe de concur-
« rence; qu'elle ne pouvait que s'accroître pour peu
« que ce principe fût abandonné à son développe-
« ment. »

La question, au contraire, Monsieur , est de savoir si les hommes du peuple souffrent moins que leurs pères ; elle est bien posée, et puisque vous n'avez pas voulu y répondre, souffrez, Monsieur, que je le fasse pour vous.

Si les auteurs vous manquent, et si M. Monteil, que vous citez (même page 185), ne suffit pas pour nous éclairer; cherchons ce qu'à dû être le peuple français, en le comparant aux peuples les moins avancés, et qui sont aujourd'hui ce qu'il était autrefois. Allez visiter cette vieille Egypte qu'un génie civilisateur vient de placer sur la pente du progrès; vous verrez là ce que nous étions au début de notre civilisation, et vous serez bientôt convaincu qu'en France le peuple d'aujourd'hui est beaucoup plus heureux que celui d'autrefois. — Consultez encore les vieillards, ils vous diront : que les ouvriers d'aujourd'hui sont des seigneurs comparés aux ouvriers de leur temps. Le dimanche, ils sont bien vêtus, et il en est, qu'on ne pourrait distinguer de leurs patrons. Les jours de fête, ils vont à la barrière et le soir au spectacle; leur intérieur annonce le bien-être; ils possèdent un lit bien garni; leurs fenêtres sont ornées de rideaux; sur le buffet brille une batterie de cuisine qui, probablement, ne leur est pas tout-à-fait inutile! Je ne parle ici, bien entendu, que des ouvriers sobres et laborieux dont je vous ai entrenu dans ma première lettre. — Ces vieillards vous diront qu'il n'en était pas ainsi autrefois, et ils ne pourraient vous citer aucun ouvrier de leur temps, devenu propriétaire d'un coin de terre et d'une maison d'une valeur de 4, 5 et même 6,000 fr., payés par ses économies; tandis que je pourrais vous en citer beaucoup dans nos grands centres de fabrication.

J'ai vu, et tout observateur pratique et consciencieux a pu l'observer comme moi, et en conviendra ; j'ai vu, dis-je, depuis 1825 jusqu'en 1835, une transformation générale dans la classe ouvrière. A la première époque, rien ne distinguait les vêtements du dimanche de l'ouvrier de ceux qu'il portait le reste de la semaine ; aujourd'hui, jetez les yeux sur les travailleurs de nos campagnes : voyez comme cette jeune ouvrière, qui danse près de sa mère, est proprement vêtue ! remarquez la mise recherchée de son cavalier ! comparez-les avec les ouvriers d'autrefois, et vous serez forcé de reconnaître qu'il y a une amélioration sensible en leur faveur, et que cette amélioration est la conséquence logique du prix de la main-d'œuvre, signalée dans les tableaux comparatifs qui figurent dans ma troisième lettre.

Ceci posé, vous conviendrez que c'est à la concurrence que l'ouvrier doit ce changement favorable ; puisque le bien-être dont il jouit de nos jours ne s'est manifesté que progressivement, et ne s'est enfin obtenu qu'au fur et à mesure de l'accroissement de cette même concurrence, si restreinte du temps de nos pères.

Si l'ouvrier souffrait plus aujourd'hui qu'autrefois, vous auriez raison d'attribuer ce surcroît de souffrance à la concurrence ; mais c'est le contraire qui est arrivé : d'où je suis en droit de conclure que la position de l'ouvrier s'améliorera de plus en plus, dans la proportion même du développement ultérieur du principe de la libre concurrence. Votre raisonnement n'est donc qu'un sophisme adroitement posé.

Vous dites, page 3o, toujours au sujet de la concurrence :

« La concurrence èst-elle un moyen d'assurer du
« travail à l'ouvrier? Mais poser la question de la sorte
« c'est la résoudre. Qu'est-ce que la concurrence re-
« lativement aux travailleurs? c'est le travail mis aux
« enchères. Un entrepreneur a besoin d'un ouvrier,
« trois se présentent. Combien pour votre travail? —
« Trois francs; j'ai une femme et deux enfants. —
« Bien; et vous? — Deux francs et demi, je n'ai pas
« d'enfants, mais j'ai une femme. — A merveille! et
« vous? — Deux francs me suffiront; je suis seul.—A
« vous donc la préférence.

Remarquez d'abord que les choses ne se passent pas
comme vous les présentez. Quand l'ouvrier traite de
son salaire, on ne lui demande pas quelles sont ses
charges; et s'il n'en a pas, il se gardera bien de faire
connaître cette circonstance dans la crainte qu'on en
fasse une arme contre lui. Vous faites, en vérité, beaucoup trop d'effort d'esprit pour prouver l'exploitation
des ouvriers par les maîtres; mais c'est ce qui arrive à
tous les défenseurs de mauvaises causes.

Faut-il vous donner une preuve incontestable que la
concurrence est favorable à l'ouvrier? Ouvrez votre
ouvrage et lisez à la page 36 ; voici ce qui s'y trouve :

« Autrefois, me disait le maire d'un petit village,
« avec 3oo fr. je payais mes ouvriers, maintenant
« 1,ooo fr. me suffisent à peine. Si nous n'élevons très
« haut le prix de leurs journées, il nous menacent de
« nous quitter pour travailler à la fabrique. »

Ainsi, à la page 3o, vous accusez la concurrence d'être la cause du rabais de la main-d'œuvre, et à la page 36, voilà une fabrique qui fait concurrence à un maire de village, et qui le force à payer à ses ouvriers 1,ooo fr. au lieu de 3oo qu'il payait avant la création de la fabrique. Vous voyez donc bien que ce pauvre maire ne peut imposer ses conditions aux ouvriers qui, au contraire, lui font la loi. Soyez donc conséquent avec vous-même, Monsieur ; il y a trop peu de distance de la page 3o à la page 36 pour que le lecteur ne soit pas frappé d'une contradiction aussi flagrante !

Dites plutôt avec moi que la concurrence est le meilleur moyen d'assurer l'existence du travailleur, car plus les ateliers sont nombreux, plus il y a de travail ; plus l'ouvrier est rare, plus aussi il est recherché ; et par la même raison, plus ses services sont demandés, plus est élevé son salaire.

Même page 36, vous dites encore :

« Le fait existe pourtant, et il est trop vrai que l'in-
« dustrie fait concurrence à l'agriculture.

Tant mieux pour l'ouvrier si l'industrie fait concurrence à l'agriculture ! Il en résulte que l'ouvrier se sert de cette situation pour maintenir ou élever le prix de son salaire. Comment ne voyez-vous pas que cette concurrence est toute à son avantage ? Votre maire d'ailleurs ne vous le prouve-t-il pas ?

Ce n'est pas seulement le travailleur qui y gagne ; l'agriculture en profite aussi ; car il est un fait certain, c'est que l'industrie pousse l'agriculture ; elle l'aide à se évelopper par ses puissants moyens d'action ; il est

un fait certain, c'est que l'intelligence, le génie, le savoir de l'industriel éxercent une influence heureuse sur
l'agriculture ! On peut dire qu'elle est remorquée par
l'industrie, qu'elle la suit de progrès en progrès, tandis qu'elle reste presque stationnaire quand elle est
livrée à ses propres forces.

Et, en effet, là où la concurreuce industrielle ne se
fait pas sentir, l'agriculture continue à se traîner dans
l'ornière de la routine. Ne vous avisez pas de parler
d'améliorations à ce fermier qui a plus de bras qu'il
n'en faut à ses besoins; ne vous avisez pas de lui con-
seiller l'emploi de tel engrais nouveau, de tel nouveau
modèle de charruc! Il vous tournera le dos, ou s'il
vous répond, il vous dira que son père s'est toujours trouvé très bien des moyens dont il se sert, et
qu'il ne veut pas faire autrement que son père.

Que faut-il donc pour le tirer de son ornière? Un
stimulant énergique! Eh bien! que l'industrie arrive,
et la concurrence sera ce stimulant. Forcé de payer
plus cher les bras qu'il emploie, le fermier sentira
bientôt la nécessité d'élever le produit de sa culture au
niveau de ses dépenses; et la nécessité, mère du progrès, en lui traçant une route nouvelle, le contraindra
à adopter les innovations qu'il repoussait; car *duris
urgens in rebus egestas.*

A l'appui de ce qui précède, voyez la culture des
environs de Paris; voyez celle des environs de Rouen;
jetez les yeux sur les riches campagnes de l'Alsace; par-
courez enfin tous les départements industriels de
France! puis ensuite, transportez-vous en Bretagne et

dans toutes les localités veuves d'industrie, et vous serez frappé de cette vérité. Est-il un pays plus avancé en industrie que l'Angleterre? En est-il un autre aussi plus avancé en agriculture? Les mêmes faits ne se présentent-ils pas encore en Belgique?

Pages 37-38, vous dites : « Ce n'est pas assez que « les grandes villes soient les foyers de l'extrème mi- « sère, il faut encore que la population des campagnes « soit invinciblement attirée vers ces foyers qui doivent « la dévorer! Et comme pour aider à ce mouvement « funeste, ne voilà-t-il pas qu'on va créer partout des « chemins de fer? Car les chemins de fer qui, dans « une société largement organisée, constituent u n « progrès immense, ne sont dans la nôtre qu'une ca- « lamité nouvelle. Ils tendent à rendre solitaires les « lieux où les bras manquent, et à entasser les hommes « là où beaucoup demandent en vain qu'on leur fasse « une petite place au soleil; ils tendent à compliquer « le désordre affreux qui s'est introduit dans le classe- « ment des travailleurs, dans la distribution des tra- « vaux, dans la répartition des produits. »

Je vous ai signalé, dans ma seconde lettre, cette fàcheuse tendance des habitants des campagnes à venir dans la capitale : nous sommes donc d'accord sur ce point; mais si vous trouvez que la création des chemins de fer va aider à ce mouvement funeste, je trouve, moi, tout le contraire. Pourquoi l'ouvrier se rend-il si facilement à Paris? C'est qu'avant de quitter sa chaumière, il a soin de faire longtemps à l'avance des économies, et le jour où il monte en diligence, c'est un père qui augmente sa bourse ; c'est une mère qui lui glisse encore en secret quelques pièces de monnaie ! Le voilà en garde contre la misère des premiers jours ; mais à son arrivée, s'il ne trouve pas de place dans un atelier, toutes ses ressources disparaissent dans ce gouffre qui engloutit la fortune des princes comme celle du pauvre ouvrier *sans travail*. Il ne peut alors s'en retourner aussi facilement qu'il est venu ; la route à pied est trop longue, les diligences trop coûteuses ; elles mettent trop de temps pour le trajet, et il faut vivre pendant le voyage ! Si donc il apprend qu'il faut des ouvriers à Nantes, à Bordeaux, à Marseille et à Strasbourg, il recule devant tant de déboursés ! D'ailleurs il y a impossibilité pour lui, et il est forcé de rester à Paris, tandis qu'en chemin de fer, il pourra se transporter avec plus de célérité et conséquemment avec moins de frais, dans les lieux où manquent les bras. Avec les chemins de fer, il n'y a plus de distance, pour ainsi dire ; et l'ouvrier pourra regarder sans effroi les extrémités de la France. Il pourra se répandre sur la surface du pays d'une manière plus générale, plus régulière ; il sera donc moins aggloméré à Paris. Vous voyez, Monsieur, que je tire de la création des voies nouvelles des conséquences contraires aux vôtres.

Vous prétendez encore que les chemins de fer qui, dans une société bien organisée, constituent un progrès immense, ne sont dans la nôtre qu'une calamité nouvelle. Indiquez-moi donc cette société largement organisée ! Est-ce l'Angleterre ? mais vous l'avez mise au ban de l'univers, vous avez cherché à flétrir son systéme de concurrence ; vous nous avez signalé tous les vices de son organisation sociale !

Est-ce la Belgique qui, elle aussi, a beaucoup de chemins de fer ? Mais vous savez, comme moi, que ce pays a marché sur les traces de l'Angleterre, que la concurrence y est peut-être plus développée que chez son institutrice !

Est-ce l'Amérique ? Mais vous n'ignorez pas qu'elle a marché aussi à pas de géant, et qu'elle a été plus vite que l'Angleterre et la Belgique dans le développement du principe de la concurrence !

Enfin, où donc est ce pays sagement administré selon vous ? Est-ce la Russie, la Prusse, l'Autriche ? Vous auriez bien dû le faire connaître ; car j'aurais eu à vous répondre.

Peut-être n'a-t-on pensé à détruire les chemins de fer à la révolution de Février, que par suite du jugement que vous en avez porté ? Voilà où conduisent les systèmes erronés !

Votre chapitre 3 a pour titre : La concurrence est une cause de ruine pour la bourgeoisie, et vous y dites, page 77 :

« Dans le système de la concurrence, le bon marché
« n'est qu'un bienfait provisoire et hypocrite ; il se
« maintient tant qu'il y a lutte. Aussitôt que le plus
« riche a mis hors de combat tous ses rivaux, les prix
« se montent. La concurrence conduit au monopole
« par la même raison que le bon marché conduit à
» l'exagération des prix. » Et, comme preuve, vous ajoutez, page 79 : « Qui n'a lu le procès auquel a donné

« lieu la lutte des Messageries françaises contre les
« Messageries royales, associées aux Messageries Laffitte
« et Caillard? Ces deux compagnies étaient accusées de
« s'être liguées pour en écraser une troisième. »

Voilà un passage capable d'impressionner les personnes à courte-vue ou étrangères à l'industrie ; cependant rien de plus faux, et l'exemple que vous citez n'est qu'une exception.

La concurrence n'est pas une cause de ruine pour la bourgeoisie ; elle l'enrichit au contraire ; car il n'y a pas de concurrence sans progrès. Et tout progrès en industrie , tout perfectionnement de machines , toute innovation tend à diminuer le prix de la marchandise fabriquée. Il en a toujours été ainsi, comme je vous l'ai démontré dans ma première lettre, et il m'est permis d'affirmer qu'il en sera toujours de même.

La concurrence ne conduit pas au monopole ; car il n'y a pas de riche assez puissant pour mettre hors de combat tous ses rivaux, comme vous le prétendez. Quel Rothschild pourrait donc accaparer la fabrication de la soierie, en mettant ses rivaux hors de combat ?

Quel Rothschild pourrait accaparer les filatures de France, en mettant ses rivaux hors de combat?

Quel Rothschild pourrait accaparer les tissages de Cholet, de Tarare, de l'Alsace, de Saint-Quentin, d e Rouen, de Picardie , en mettant ses rivaux hors de combat ?

L'industriel n'a jamais intérêt à détruire son voisin, à anéantir ses rivaux; il se détruirait en détruisant les autres. Ses intérêts sont donc en opposition avec vos principes.

Exemple : Vous avez une filature qui vous coûte un million; j'en ai une aussi qui me coûte pareille somme. Nous voilà tous deux dans les mêmes conditions. Nous avons les mêmes intérêts à payer, les mêmes charges à supporter ! Si je vous fais tomber, si je vous écrase, si je vous mets hors de combat, votre fabrique sera achetée par un capitaliste, un créancier ou un industriel. L'acquéreur obtiendra votre établissement pour 5oo,ooo francs; car tel est le sort de l'industriel de voir diminuer son capital de moitié quand il est forcé de vendre son matériel. Mon nouveau voisin va donc lutter contre moi avec des chances plus favorables. Il n'aura que 25,ooo francs d'intérêts à payer, tandis que j'en aurai 5o,ooo, sans compter les sacrifices énormes que j'aurai été obligé de faire pour rester seul debout. Il en résultera qu'il pourra vendre à meilleur marché, et que je serai obligé de le suivre. Cet abaissement de prix ne sera pas provisoire et hypocrite, comme vous le dites, mais il sera définitif, et ne ruinera pas la bourgeoisie en conduisant à l'exagération des prix. Ici, c'est le gros capital qui est dominé par le petit, et vous prétendez que c'est toujours le contraire.

Votre exemple des Messageries, je le répète, est une exception bien rare en industrie ; il vous le fallait pour donner une teinte de logique à votre erreur de principe. Je ne finirais pas si je voulais relever toutes celles qui fourmillent dans votre Organisation du Travail.

M. Charles de Montaigu, qui lui aussi a fait son organisation du travail, s'exprime ainsi à la page 86 :

« C'est une chose comme admise que dans presque
« tous les états, ce sont les ouvriers les plus habiles qui
« mènent une vie plus licencieuse ; » et il en conclut
qu'avec l'éducation et l'organisation du travail, il en
serait tout autrement. Il marche d'accord avec vous
dans sa conclusion ; lui répondre, c'est donc vous répondre aussi.

Il est vrai que les ouvriers les plus habiles et les plus
grands travailleurs sont en général les plus débauchés.
Au premier aperçu, on serait donc tenté d'adopter sa
manière de voir; mais on la repousse avec la réflexion,
en jetant les yeux sur la classe la plus élevée de la société. En effet, qu'y voyons-nous ? que les hommes les
plus distingués, les plus remarquables, les talents les
plus éminents, sont presque toujours les plus passion-
nés, les plus vicieux ou les plus corrompus. Il semble
que Dieu ait voulu que les grandes qualités fussent ac-
compagnées de grandes passions.

L'instruction, le savoir et l'usage du monde , sans
l'éducation morale et religieuse, n'étouffent donc pas
la nature, ils ne changent pas l'homme, c'est un poli
qui n'atteint que la surface. Taillez un cristal, vous lui
donnez plus d'éclat, une apparence trompeuse ; on
pourra le préférer au diamant brut, et cependant il
n'a pas sa valeur. Il n'est pas plus donné à l'homme
de changer la nature de l'homme qu'il n'est donné
au lapidaire de changer la nature des pierres par le
travail et le poli. Nous avons, dans la classe ouvrière,
des hommes sans instruction , mais d'une bonne

nature, qui valent beaucoup mieux que ceux qui ont reçu une éducation complète et dont la nature est mauvaise.

D'après vous, Monsieur, la prostitution et le crime sont le résultat de la misère et la misère celui de la concurrence.

J'ai déjà prouvé que la concurrence était favorable à l'ouvrier dont elle tend toujours à augmenter le salaire. En prouvant maintenant que la misère est le plus souvent la conséquence du crime et de la prostitution, qui sont eux-mêmes le résultat d'une mauvaise nature, j'aurai prouvé que votre ouvrage n'est qu'un sophisme depuis la première page jusqu'à la dernière, et qu'il est temps enfin d'absoudre cette pauvre concurrence de tout le mal que vous lui attribuez.

La prostitution est dans tous les rangs de la société; voyons si c'est la misère qui lui donna naissance.

Que sont les femmes de haut parage qui éblouissent les salons de Paris, qui fréquentent les princes, les ministres et les ambassadeurs, qui obtiennent toutes les faveurs des grands en échange d'un sourire ? Ce sont des prostituées. Elles n'ont jamais cependant connu la misère. C'est l'ambition ou l'esprit d'intrigue qui les a faites ce qu'elles sont.

Que sont ces femmes célèbres dont la renommée remplit le monde ; ces danseuses auxquelles on jette tant de couronnes; ces actrices que l'on applaudit tous les soirs ? Elles étaient sages quand elles habitaient la loge du portier ou la mansarde du travailleur ! Maintenant que leurs pieds délicats foulent des tapis de cachemire, qu'elles ont des ceintures de brillants et des manteaux de velours, ce sont des prostituées.

Asseyez-vous le soir au boulevart des Italiens ; appelez près de vous une de ces jeunes femmes qui passent et repassent sans cesse, en vous agaçant du regard ; demandez-lui son histoire. Elle vous la racontera volontiers : J'avais dix-sept ans, vous dira t-elle, je travaillais, dans mon pays, à la journée ; j'étais heureuse au sein de ma famille. Hélas ! j'eus le malheur d'aimer. Il me promettait amour pour amour et le mariage au bout d'un an. Je cédai à ses désirs, et dès qu'il sut que j'allais devenir mère, je ne le revis plus. Alors, pour cacher ma faute, je vins à Paris.

Vous le savez, Monsieur, la pente duvice est rapide et glissante ; dès que cette pauvre fille eut fait le premier pas, il ne lui a plus été possible de s'arrêter. Ne vous en tenez pas là ; appelez-en une seconde, elle vous racontera absolumeut la même chose, avec une légère variante. Ecoutez-en une troisième, une quatrième : toujours même histoire, mêmes circonstances, même entraînement, même cause de prostitution.

Poursuivons : la question est sérieuse et mérite d'être étudiée sous toutes ses faces. — Il est minuit ; personne ne nous voit ; entrons ensemble dans une de ces maisons autorisées. Interrogez-en les femmes que vous y trouverez. Toutes vous diront, les unes après les autres, qu'elles se sont données vierges et par amour, et qu'elles se vendent aujourd'hui ! Toutes vous diront qu'elles étaient heureuses avant leur première faute, qu'elles ne manquaient de rien, qu'elles se seraient mariées sans leur chute, et que la misère n'a eu aucune influence sur leur position. Elles vous diront qu'arrivées à Paris, sans relations, sans ressources, sans autres connaissances que les malheureuses qui les avaient devancées dans cette voie, elles ont suivi leur exemple, et qu'une fois habituées à cette vie de paresse, elles ne purent en sortir.

Voulez-vous maintenant me suivre dans ces repaires où se vautrent les escrocs, les voleurs, les recéleurs, les filles publiques et leurs amants, dont vous parlez à la page 45 de votre ouvrage? Entrons dans ces bouges où les égouts de Paris et des départements ont vomi tout ce qu'ils avaient de plus impur! Vous verrez, par l'étude approfondie que nous ferons de ces hideux personnages, que le vice les a conduits insensiblement à cet état de misère qui les ronge. Ces femmes monstres que nous y trouverons sont au dernier degré de la prostitution; elles sont vieilles avant l'âge, la maladie les a défigurées. Maintenant qu'elles n'ont plus rien pour séduire, elles se livrent, pour un verre d'eau-de-vie, à l'escroc qui n'en voudrait pas s'il n'avait lui-même perdu la raison dans le vin. Les malheureuses! Elles ont commencé par être séduites; abandonnées, elles se sont promenées sans pudeur sur les boulevarts, des boulevarts elles ont été dans la cité, de là à l'hôpital, et de l'hôpital sont tombées dans ces repaires, d'où elles ne sortiront qu'étranglées par la misère pour aller mourir sur la paille d'une prison.

Ces hommes qui leur tiennent compagnie, dupes

d'abord, sont ensuite devenus coupables ; frappés une fois, deux fois par les tribunaux correctionnels, chacun les a repoussés et ils se sont embrigadés dans une bande de voleurs. Les autres sont des joueurs, des libertins, qui ont dévoré dans leur jeunesse leur patrimoine, et qui, sans état, sans amis, sans famille, après avoir usé tous les moyens connus pour se créer des ressources, ont été conduits ici à l'âge où l'homme n'inspire plus aucun intérêt, aucune confiance, quand ses antécédents sont aussi déplorables. — Ceux-ci qui paraissent parler en maîtres et commander à la troupe, ce sont les plus expérimentés, ceux qui ont fait quelques années de bagne, et qui ne pourraient vivre dans une autre atmosphère que celle qu'ils respirent ici.— Ah! si ces malheureux avaient aimé le travail; si, jeunes, ils avaient eu la force de dompter leurs passions, aucun d'eux ne se trouverait dans ces taudis, où le manque de travail, dans les crises financières ou commerciales, n'a jamais conduit l'ouvrier habitué à vivre en taillant la pierre, en forgeant le fer ou en poussant le rabot. Avant de sortir de ces lieux infâmes, demandez à ces misérables si la société est bien organisée? Ils vous répondront : non ! — S'ils sont communistes ? — Ils vous diront : oui !

Si les notes de police, si la Gazette des Tribunaux, si les annales judiciaires, si la prostitution ambulante, la prostitution cloîtrée, si les habitués des cloaques d'où nous sortons, nous fournissent la preuve que le vice, dans la majorité des cas, produit le mal que vous avez signalé, tandis que l'indigence y est presque toujours étrangère : — Pourquoi donc en accuser exclusivement la misère ? et de la misère remonter à la concurrence, et de la concurrence à la bourgeoisie; pourquoi ? Pour irriter l'esprit des masses par un tableau déchirant, contre une classe de la société, impuissante à guérir une lèpre inhérente à l'espèce humaine? Détruisez le vice, extirpez-en les germes du cœur de l'homme et vous détruirez ses effets! mais le problème me paraît insoluble.

Puisque je viens de parler de la prostitution, il faut que je revienne encore à M. de Montaigu; voici comment il s'exprime, page 102 de son Organisation du Travail : « Et quel plus puissant moyen que la morale « pour empêcher les chefs d'ateliers d'abuser de leur « autorité pour séduire la jeune fille et la jeune femme « qui leur sont soumises? »

Quoi! Les socialistes ne sont point satisfaits de convertir les fabricants en loups cerviers qui s'engraissent aux dépens des ouvriers, il faut encore qu'ils en fassent des débauchés qui empoisonnent leurs ateliers par la corruption des mœurs, il faut encore qu'ils leur reprochent de violer les devoirs les plus sacrés, les lois les plus saintes, en abusant de leur autorité, au point de séduire de jeunes filles et de jeunes femmes qui leur sont soumises. Quoi! ce sont des hommes qui se croient appelés à régénérer le monde, à réformer la société en la moralisant, qui donnent un pareil scandale, qui foulent aux pieds toutes les convenances, qui cherchent à stigmatiser une classe honorable de la société, qui attirent sur elle le mépris et la haine, et c'est au nom de la morale qu'ils osent tenir un aussi perfide langage! Mais M. de Montaigu ne sait donc pas que l'oisiveté est la mère de tous les vices, que c'est elle qui fait oublier les devoirs d'homme, d'époux et de père? il ne sait donc pas que le chef d'atelier est l'homme du monde le plus laborieux, que son travail commence avant le lever du soleil et finit longtemps après qu'il a disparu? il ne sait donc pas que ses quelques heures de repos s'écoulent paisiblement en famille? que son seul bonheur est de s'asseoir au foyer domestique auprès de sa femme et de ses enfants? ah! si la maison de chef d'atelier était de cristal, on y verrait à l'intérieur le tableau des vertus patriarcales, celui de l'amour conjugal; on y verrait l'affection du père, la tendresse de la mère pour ses enfants, et le religieux respect des enfants pour les auteurs de leurs jours; on y verrait la paix et le bonheur que Dieu verse à pleines mains sur la maison du travailleur, et ce tableau pourrait servir de leçon à ceux qui ne connaissent de la morale que le nom.

Je repousse donc avec indignation la calomnieuse accusation de M. de Montaigu, en soutenant qu'il a pris une exception bien rare pour la règle générale. Malheureusement, il faut le reconnaître, ceux qui ont agité les questions de travail n'avaient aucune connaissance des chefs d'ateliers, des ouvriers de l'industrie; étonnons-nous donc qu'ils aient écrit tant de niaiseries, que je suis tout disposé à leur pardonner en faveur de leur ignorance! Puisse cet exemple d'indulgence et de modération les rendre plus circonspects à l'avenir!

A la page 97, vous dites : « La concurrence aboutit « nécessairement à une guerre à mort entre la France « et l'Angleterre. »

Non, Monsieur, cette guerre n'aura pas lieu, parce qu'il n'est pas de l'intérêt de l'Angleterre de l'entreprendre. Elle n'ignore pas qu'aujourd'hui les peuples, mieux instruits sur sa politique, ne lui serviraient pas d'instruments contre la France. Elle sait que la France elle-même n'est plus dévorée de cet esprit de conquêtes qui l'a portée à se précipiter sur l'Europe, à la suite d'un des plus grands génies qui soit jamais sorti de la main de Dieu.

Elle ne pourrait que combattre seule, et, dans cet isolement, elle ne voudrait pas engager une lutte d'où il ne sortirait aucun avantage pour elle. Ce ne serait d'ailleurs qu'une guerre maritime, et malgré la supériorité numérique de sa flotte, elle ne s'exposerait pas à diviser cette flotte sur tous les points du monde, pour veiller à ses possessions. Cette division de ses forces maritimes annulerait la spériorité numérique qu'on lui reconnaît, et elle resterait par cela même inférieure aux forces françaises qui agiraient toujours avec ensemble ; la France enfin trouverait, dans la rivalité des Etats-Unis contre l'Angleterre, une puissante alliance.

La perturbation du monde peut seule prolonger l'agonie de l'Angleterre. Aujourd'hui que l'Italie est en feu ; que l'Autriche, en révolution, suspend ses commandes de machines et ferme ses ateliers nouveaux ; que la France n'a pas encore repris son assiette ; que l'industrie a éteint ses fournaux ; que la vapeur ne fait plus tourner nos filatures, et que l'enclume ne retentit plus sous le marteau ; vous lui voyez sur les lèvres un sourire infernal : c'est avec peine qu'elle comprime l'expression de sa joie ! Si sa bouche déplore ces grandes calamités, son cœur s'en réjouit, et son génie inventif cherche les moyens d'alimenter le désordre, de le propager ; dans ce but, elle enverra des émissaires avec des instructions verbales et secrètes, pour répandre l'or et agiter les populations ; elle exploitera les passions, les haines politiques ; encouragera tous les partis en les poussant à la guerre civile, dans le but d'arrêter nos ateliers pour faire marcher les siens, sans entrer elle-même dans la lice. Ah ! qui ne connaît les machiavéliques combinaisons de l'Angleterre ? Elle mettrait l'Europe à feu et à sang, elle sacrifierait la moitié du genre humain, pourvu que l'autre moitié pût être exploitée par les marchands de la Cité.

Mais tous ces moyens, que la sagesse de Dieu réprouve, et que la raison de l'homme flétrit, ne sont que des remèdes violents qui excitent le système nerveux d'un malade, le relèvent un moment, et prolongent son agonie sans le rendre à la vie.

Après l'orage viendra le calme, et le calme nous rendra la confiance ; la confiance nous ramènera les capitaux, les capitaux rendront l'activité aux ateliers ; les ateliers produiront, et les produits seront exportés : voilà la guerre que redoute le plus l'Angleterre, guerre qu'il n'est plus permis d'éviter, et que la République ne pourrait reculer, car le temps est venu pour nous de prendre place enfin au splendide banquet de l'exportation, et de dire à l'Angleterre : Il nous faut notre part de soleil, d'eau et de terre.

L'Angleterre a monté son industrie sur une trop vaste échelle, elle a rêvé une production en rapport avec la consommation du monde; telle fut son ambition. Examinons si le monde restera toujours tributaire de cette île, ou s'il en sera affranchi comme la chrétienté le fut de la barbarie par la prise d'Alger.

Tout ce qui est soumis aux lois divines a un commencement et une fin; Dieu seul est en dehors de la loi générale. La domination industrielle de l'Angleterre finira; mais comme il n'est pas donné à l'homme de connaître les secrets de la Providence, nous ne pouvons fixer l'heure à laquelle la destinée de cette puissance bizarre doit s'accomplir : par un jugement sain des événements, par une juste appréciation des faits, nous affirmerons seulement qu'elle est plus ou moins rapprochée.

L'âme de l'Angleterre, c'est l'industrie; son pain quotidien, c'est le coton; sa vie, c'est l'exportation. L'Angleterre finira donc le jour où les débouchés lui manqueront, et si nous en jugeons par le passé, ce jour n'est pas éloigné. Il y a quarante ans, l'Angleterre possédait exclusivement le marché de l'Europe, le plus riche de tous, celui qui consomme le plus; elle possédait aussi celui de l'Amérique; mais tous les jours elle éprouve des pertes, car chaque peuple devient industriel, et elle est forcée de courir les mers pour chercher de nouveaux débouchés.

La France, en vingt années d'efforts, de travail et de persévérance, est parvenue à alimenter sa consommation, et bientôt après, voyant sa production s'accroître de plus en plus, elle tenta ses premières exportations sur les marchés étrangers ; aujourd'hui, elle demande impérieusement à étendre le cercle de ses débouchés; elle le demande avec le sentiment de sa force et de sa dignité; elle veut sa part de soleil dans les mondes anciens et nouveaux; il faudra bien la lui accorder, car sa demande est juste. Pourquoi donc les mers seraient-elles la propriété d'un seul? Pourquoi donc la terre serait-elle le domaine d'un seul ?

Nous aurons à conclure de ceci que depuis quarante ans l'Angleterre, non seulement a perdu la consommation de la France, mais encore qu'elle se voit menacée par sa rivale sur les marchés étrangers. Voilà en quelques mots deux causes de destruction ; mais on en trouvera une troisième, si l'on considère que l'Angleterre augmentait considérablement sa production en même temps qu'elle éprouvait ce déficit.

Je sais bien que si la France seule se trouvait dans cette position, on pourrait me répondre que l'Angleterre a trouvé de nouveaux débouchés depuis qu'elle a perdu celui de la France; que ses hardis marins ont été porter ses produits jusqu'aux extrémités du monde, et qu'elle a largement trouvé à compenser le déficit; qu'en conséquence elle a pu aussi augmenter ses productions sans sortir des bornes prescrites par la prudence et la sagesse.

Mais ce besoin de produire qui a fait mouvoir les

bras de la France, a également mis en activité les intelligences et les bras de la Belgique, tributaire de l'Angleterre il y a quarante ans; douée d'une activité favorisée par le sol qui lui donne fer et charbon à bon marché, la Belgique produit aujourd'hui au delà des besoins de sa consommation, et cherche au loin des débouchés pour soutenir la vie de ses ateliers. Voilà donc encore un pays qui, non seulement n'a plus besoin de l'Angleterre pour lui-même; mais qui en outre tend à lui disputer une partie du monde.

La Suisse renferme en son sein une population de montagnards particulièrement propres au travail industriel, son sol est ingrat, ses rochers de granit ou de calcaire ne peuvent être cultivés; il faut que l'industrie fasse vivre cette population sobre et infatigable; ses nombreuses chutes d'eau la mettent à même de concourir avantageusement avec l'Angleterre; déjà depuis longtemps son territoire n'est plus accessible à la production anglaise, et elle se suffit à elle-même; bien plus, le même instinct qui poussa l'Angleterre à augmenter tous les ans sa fabrication, qui produisit le même résultat en France et en Belgique, a également exercé son empire dans la Suisse, et déjà nous voyons ses produits lutter avec l'Angleterre sur plusieurs marchés étrangers. Ainsi à chaque pas que nous faisons, nous trouvons des éléments nouveaux de destruction contre l'Angleterre.

Patience, notre nomenclature n'est pas à sa fin; il faut mettre à découvert tous les chancres qui dévorent cette ambitieuse nation; il faut dessiller les yeux des aveugles. Marchons pas à pas et nous arriverons à percer le nuage qui nous dérobe son avenir.

L'Autriche aussi était tributaire de l'Angleterre ; ce pays, que l'on croyait si lourdement endormi, semblait devoir être, pour toujours, le consommateur le plus fidèle de ses produits ; mais pas du tout, l'Autriche, un beau jour, se réveille ; elle a rêvé des idées d'indépendance, et veut d'abord les mettre en pratique en s'arrachant à la tyrannique production anglaise ; elle élève des filatures que le port de Trieste alimente de coton ; la voilà bientôt en mesure aussi de subvenir à ses besoins ; demain elle produira assez pour elle-même, et avant peu elle entrera en lice pour goûter aussi les fruits de l'exportation ; alors elle parlera haut, elle réclamera, comme ses devancières, sa part de soleil, d'eau et de terre dans les pays lointains ; elle deviendra nécessairement l'ennemie de l'Angleterre qu'elle rencontrera partout pour lui susciter mille obstacles, comme la France, la Belgique et la Suisse.

La Prusse et l'Italie comptent aussi leurs filatures de coton, et sont irrésistiblement entraînées par l'impérieuse loi du progrès. Là, comme ailleurs, même réduction dans la consommation des produits anglais ; et, dans vingt ans au plus, même prétention à l'exportation, mêmes éléments de destruction contre l'industrie de la Grande-Bretagne.

L'Espagne, malgré ses agitations, ses guerres civiles et ses révolutions, n'a pu résister au besoin de se suffire à elle-même ; elle possède déjà beaucoup de fila-

'tures; elle a aussi sa fabrication d'indiennes; elle monte encore aujourd'hui d'importantes filatures de coton, dont les machines ont été construites à Mulhouse, par M. André Kœcklin, et à Guebwiller, par M. Nicolas Schlumberger et Cie. Que ce malheureux pays se calme, qu'il jouisse de la paix pendant quelques années, et il deviendra inaccessible aux produits de l'Angleterre; encore vingt ou trente ans, et l'Espagne, soumise à la loi universelle, demandera sa part du monde pour exporter ses produits.

La Russie a fait le premier pas dans la carrière industrielle; cette reine du Nord veut aussi se passer de ses voisins. Sa politique tend de plus en plus à secouer le joug de l'étranger, et à s'affranchir du tribut qu'elle lui paie. Qui ne connaît les encouragements que l'Empereur accorde aux industriels? Il y a, dans ses États, plusieurs filatures et plusieurs fabriques d'indiennes qui marchent sous sa puissante protection.

Le courtisan qui veut obtenir un sourire bienveillant de l'autocrate, et se le rendre favorable n'a qu'à lui parler d'un projet de fabrique, et le voilà en haute faveur. Attendons encore vingt ans, et le colosse du Nord deviendra l'ennemi de l'Angleterre; ses ports seront fermés aux produits de Manchester, et, quelques années après, la nation russe voudra aussi courir les mers, pour exporter ses produits manufacturiers; car, encore une fois, il est de la nature de l'industrie de grandir toujours, d'être envahissante, et d'augmenter de plus en plus ses produits. Vouloir la limiter serait la tuer ; une entière liberté, voilà sa première condition de vitalité, de perfectiiblité et de progrès.

Je crois avoir démontré, par l'exposé de ce qui se passe sous nos yeux, que le marché européen a déjà en partie échappé à l'Angleterre, et que l'autre moitié tend à lui échapper d'ici à quelques années ; que plusieurs nations exportent déjà, et que les autres exporteront sous peu ; que rien ne pourrait arrêter cette marche progressive qui doit amonceler des orages sur ce malheureux pays dont les désastres sont incalculables.

Mais que direz-vous, admirateurs de l'Angleterre, et vous marchands de la cité, négociants de Liverpool, et fabricants de Manchester, en jetant les yeux sur l'Amérique ? Comment arrêter ce peuple géant, qui exécute aussi vite qu'il conçoit, qui part trente années après nous, et qui, dans sa course rapide, s'élève de suite à notre niveau ?

L'ambition et l'activité qui dévorent l'Angleterre, dévorent aussi l'Amérique. Ses fabriques de coton ne datent que de 1830, et voilà déjà quelles filent 400,000 balles comme la France qui commença sous le Consulat ; voila déjà que les Amérieains ont un comptoir en Chine, où plusieurs de leurs produits sont préférés à ceux de l'Angleterre.

Que fera donc la Grande-Bretagne pour repousser ce concurrent redoutable qui cultive le coton, le file, le tisse et l'imprime ? A chaque pas qu'il fait, ne tarit-il pas la source de sa vie ?

La loi naturelle, qui tend à enlever à la Grande-

Bretagne le monopole de l'industrie cotonnière, aura le même effet sur les autres industries qu'elle a exploitées jusqu'ici avec avantage.

Nous voyons déjà la Belgique exporter des glaces, des verres à vitres, des cloux, des armes de luxe et de guerre, des draps et des toiles, en concurrence avec l'Angleterre, et avec un succès mortel pour cette puissance.

D'un autre côté, l'Allemagne lui fait une guerre à outrance avec sa quincaillerie; la France commence aussi à exporter des machines dont l'Angleterre avait le monopole il y a quelques années. Ainsi, chaque jour, une branche d'industrie lui échappe, et lui échappera au profit de l'Europe industrielle.

Aveugle est celui qui ne voit pas, dans ces faits, la preuve de la décadence de l'Angleterre ! Qui n'y voit pas les symptômes d'une sainte alliance qui se forme naturellement contre elle, et un accord parfait de tous les peuples pour la détruire ! Aveugle, enfin, est celui qui n'y voit pas sa fin très-prochaine !

Quelle puissance humaine pourrait donc conjurer la tempête qui gronde déjà sourdement? Quelle main d'homme pourrait comprimer le volcan qui menace de faire explosion ?

L'Irlande, le paupérisme, et l'industrie perdue, voila les trois éléments en fureur qui vont se déchaîner, et la pousser dans l'abîme qui dévore les nations.

Il est des peuples qui ne peuvent vivre par eux-mêmes; la constitution physique des pays qu'ils habitent s'y oppose. L'Angleterre en est un exemple frappant ; son pain est en dehors de chez elle, elle va le chercher dans l'Inde et ailleurs ; il faut que, pressée par la faim, elle sillonne toutes les mers jusqu'à ce qu'elle y rencontre une force organisée qui brûle et détruise ses vaisseaux bardés de fer. Si cette sainte alliance des peuples qui se forme naturellement par la force des choses, et en vue de l'intérêt général, ne terminait point cette lutte par le canon ; — l'Angleterre périrait néanmoins, comme tous les grands empires qui tombent et s'écroulent, quand la source de leur prospérité est tarie. L'empire britannique disparaîtra comme ont disparu les empires d'Alexandre et de César.

L'Angleterre alors viendra s'asseoir au foyer hospitalier de la France, se désaltérer à nos rives et faire ses provisions dans nos riches campagnes, comme l'habitant du Désert, voisin du Nil, vient y étancher sa soif et y chercher sa nourriture sur ses bords verdoyants. Encore cinquante ans, et l'Angleterre sera peut-être *Colonie française.*

Avant de déposer la plume, permettez-moi, Monsieur, de vous donner un conseil. Mettez à profit, dans une retraite sérieuse, l'expérience que quelques mois vous ont apportée. Méditez sur les erreurs que vous a fait commettre votre amour pour les classes souffrantes ; et dans quelques années, quand l'âge aura mûri votre jugement, reparaissez sur la scène du monde. Le temps aura cicatrisé les plaies de notre époque, et la France vous accordera, peut-être, une ré-habilitation en oubliant votre passé, pour ne plus voir en vous qu'un homme dont le talent peut lui être utile un jour.

JULES POULAIN.

Paris, 20 novembre 1848.

6152. Imp. Maulde et Renou, rue Bailleul, 9 et 11.